ANDREAS NEUBAUER

WEIHNACHTS-PLÄTZCHEN

FOTOGRAFIE: MATHIAS NEUBAUER, AUEN60 PHOTOGRAPHY

INHALT

Öffnen Sie die Klappen dieses Buches.
Dort finden Sie die wichtigsten Infos zum Thema auf einen Blick!

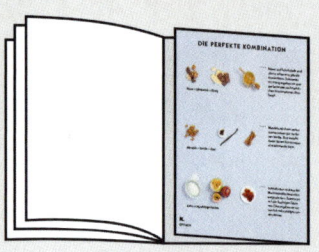

GU CLOU

Wussten Sie schon, dass ...?
Entdecken Sie bei einigen ausgewählten Rezepten ganz besondere Tipps
mit verblüffendem Insiderwissen.
Aha-Momente garantiert!

Die Backzeiten können je nach Herd variieren. Unsere Temperaturangaben beziehen
sich auf das Backen im Elektroherd mit
Ober- und Unterhitze.

Sammeln Ihrer Lieblingsrezepte
mit der »GU Kochen Plus«-App
(siehe S. 64)

REZEPTKAPITEL

06 FANTASTISCH KLASSISCH

22 VERFÜHRERISCH ANDERS

44 BETÖREND SCHÖN

ANDREAS NEUBAUER

*Der Duft von Weihnachtsplätzchen verströmt einen unvergleichlichen Zauber.
Gerade deswegen liebt unser Autor sie. Diese kleinen optischen und kulinarischen
Kunstwerke sind für den gelernten Koch stets von Neuem eine Herausforderung –
besonders dann, wenn er neue Sorten kreiert oder Klassiker mit feiner Deko
immer wieder einmalig in Szene setzt.*

Warum Weihnachtsplätzchen?

Mit Weihnachtsplätzchen verbinde ich viele wunderbare Kindheitserinnerungen und auch heute noch stellt sich beim Plätzchenbacken dieses wohlige, heimelige Gefühl ein. Da ich leidenschaftlich gerne backe, entwickle ich auch immer wieder neue Plätzchensorten mit ungewöhnlichen Zutatenkombinationen.

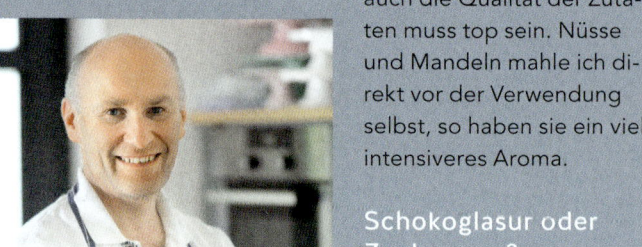

Lieblingsplätzchen?

Ich habe kein absolutes Lieblingsplätzchen. Alle haben ihr besonderes Etwas. Was ich aber gerne mache, sind Klassiker mit neuen Zutaten, wie die Kokos-Spitzbuben mit Passionsfruchtfüllung oder die Erdnuss-Florentiner mit Curry. Das Experimentieren mit neuen Gewürzen und Aromakombinationen macht mir wahnsinnig Spaß. Und sehr gerne mag ich auch die Plätzchen, die ich kunterbunt nach Lust und Laune verzieren kann.

Gibt es etwas zu beachten?

Beim Plätzchenbacken sollte man ausreichend Zeit haben, um genau arbeiten zu können. Und auch die Qualität der Zutaten muss top sein. Nüsse und Mandeln mahle ich direkt vor der Verwendung selbst, so haben sie ein viel intensiveres Aroma.

Schokoglasur oder Zuckerguss?

Das hängt sehr von der Plätzchensorte ab. Sorten mit Nüssen oder Mandeln überziehe ich gerne mit Schokolade. Die Temperatur der geschmolzenen Schokolade ist hier das Knifflige. Sie darf nicht über 32 Grad liegen, weil der Überzug dann stumpf wird. Und ich mag es schon, wenn die Glasur schön glänzt. Zuckerguss hat den Vorzug, dass man ihn in verschiedenen Farben und auch mit verschiedenen Aromen versehen kann. Da sind der Fantasie beim Verzieren fast keine Grenzen gesetzt.

GANZ EINFACH: BUTTERPLÄTZCHEN

200 g Mehl (Type 405)

50 g Puderzucker

1 Prise Salz

100 g Butter

1 Eigelb (M)

Alle Zutaten rasch zu einem glatten Teig verkneten. In Folie gewickelt 1 Std. kalt stellen. Den Teig auf wenig Mehl 3 mm dünn ausrollen, Plätzchen ausstechen, auf ein mit Backpapier belegtes Blech legen, mit Zuckerstreuseln bestreuen und im heißen Ofen (Mitte) bei 180° in ca. 15 Min. lichtgelb backen.

2 EL bunte Zuckerstreusel

FANTASTISCH KLASSISCH

Für ca. 50 Stück • 1 Std. Zubereitung • 1 Std. Kühlen • 12 Min. Backen pro Blech •
Pro Stück ca. 90 kcal, 1 g E, 5 g F, 10 g KH

SPITZBUBEN

FRUCHTIG

300 g Mehl (Type 405)
100 g gemahlene gehäutete Mandeln
150 g Puderzucker
1 Prise Salz
200 g kalte Butter
1 Ei (M)
ca. 200 g Johannisbeergelee
Puderzucker zum Bestäuben

AUSSERDEM
Mehl zum Arbeiten
Ausstecher nach Belieben
Mini-Stern-, Herz-, Halbmond-
    oder Kreis-Ausstecher

GUT ZU WISSEN
Selbstverständlich kann man statt des Johannisbeergelees auch andere, möglichst leicht säuerliche Konfitüren ohne Stücke sowie Gelees zum Füllen der Plätzchen verwenden, z. B. aus Kirschen, Himbeeren und Aprikosen.

1 Das Mehl mit den Mandeln, dem Puderzucker und Salz mischen und auf die Arbeitsfläche häufen. Eine Mulde formen, die Butter in kleine Stücke schneiden und zugeben, das Ei ergänzen und alles mit den Händen rasch zu einem glatten Teig verkneten. Den Teig anschließend in Frischhaltefolie wickeln und 1 Std. kalt stellen.

2 Den Ofen auf 180° vorheizen. Den Teig auf einer bemehlten Arbeitsfläche ca. 3 mm dünn ausrollen. Mit einem Ausstecher Plätzchen ausstechen und diese nebeneinander auf ein mit Backpapier belegtes Backblech setzen. Aus der Hälfte der Plätzchen in der Mitte mit einem kleineren Ausstecher Sterne, Herzen, Halbmonde oder Kreise herausstechen. Die Plätzchen im Ofen (Mitte) in 10–12 Min. lichtgelb backen. Herausnehmen und auskühlen lassen.

3 Das Johannisbeergelee kurz erwärmen und glatt rühren. Die ungelochten Plätzchen mit etwas Gelee bestreichen und die gelochten Plätzchen daraufsetzen. Alle Plätzchen mit Puderzucker bestäuben. Das restliche Johannisbeergelee in eine kleine Papierspritztüte geben, in die »Löcher« spritzen und diese mit dem Gelee ausfüllen. Das Gelee wieder fest werden lassen.

Für ca. 35 Stück • 45 Min. Zubereitung • 1 Std. Kühlen • 15 Min. Backen •
Pro Stück ca. 65 kcal, 1 g E, 3 g F, 8 g KH

VANILLEKIPFERL

AROMATISCH

2 Vanilleschoten
150 g Puderzucker
50 g gemahlene Mandeln
125 g Mehl (Type 405)
50 g Puderzucker
1 Prise Salz
100 g kalte Butter
1 Eigelb (M)

GUT ZU WISSEN

Den Vanillezucker zum Wälzen kann man ruhig mehrere Tage im Voraus zubereiten. Je länger er durchzieht, desto besser!

1 Am Vortag die Vanilleschoten aufschneiden, das Mark herauskratzen und luftdicht verpacken. Die ausgekratzten Schoten mit 150 g Puderzucker in ein Glas geben, durchmischen und das Glas luftdicht verschließen. Bei Zimmertemperatur durchziehen lassen.

2 Am nächsten Tag die Mandeln in einer Pfanne unter Wenden goldbraun rösten und auskühlen lassen. Mehl mit gerösteten Mandeln, Puderzucker, Vanillemark (vom Vortag) und Salz mischen und auf die Arbeitsfläche häufen. Die Butter klein schneiden und mit Eigelb zugeben. Alles rasch zu einem glatten Teig verkneten, in Frischhaltefolie wickeln und 1 Std. kalt stellen.

3 Ofen auf 160° vorheizen. Den Teig zu Rollen formen, in kirschgroße Stücke teilen, zu Kipferl formen, auf ein mit Backpapier belegtes Blech setzen und im Ofen (Mitte) in 15 Min. lichtgelb backen. Herausnehmen und vorsichtig in Vanillepuderzucker wenden.

Für ca. 35 Stück • 45 Min. Zubereitung • 2 Std. Kühlen • 15 Min. Backen •
Pro Stück ca. 95 kcal, 2 g E, 6 g F, 9 g KH

HUSARENKRAPFERL

ZUM VERSCHENKEN

175 g weiche Butter
100 g Puderzucker
Saft und abgeriebene Schale
    von 1 unbehandelten
    Zitrone
4 Eigelbe (M)
1 Ei (M)
200 g Mehl (Type 405)
100 g gemahlene gehäutete
    Mandeln
ca. 125 g Johannisbeergelee
Puderzucker zum Bestäuben

1 Butter und Puderzucker mit dem Handrührgerät cremig rühren. Zitronensaft und abgeriebene Schale unterrühren, dann nach und nach die Eigelbe und das Ei unterrühren. Mehl und Mandeln untermischen und den Teig zugedeckt 2 Stunden kalt stellen.

2 Den Ofen auf 160° vorheizen. Das Johannisbeergelee glatt rühren und in eine Papierspritztüte füllen. Den Teig mit leicht angefeuchteten Händen zu walnussgroßen Kugeln formen und diese mit etwas Abstand zueinander auf ein mit Backpapier belegtes Backblech setzen. Mit einem Holzlöffelstiel Vertiefungen in die Teigkugeln drücken und diese mit Johannisbeergelee füllen.

3 Die Husarenkrapferl in den Ofen schieben (Mitte) und in etwa 15 Min. lichtgelb backen. Herausnehmen, abkühlen lassen und nach Belieben mit Puderzucker bestäuben.

Für ca. 30 Stück • 45 Min. Zubereitung • 1 Std. Kühlen • 35 Min. Backen •
Pro Stück ca. 125 kcal, 2 g E, 6 g F, 15 g KH

LINZER SCHNITTEN

WÜRZIG

100 g gemahlene Mandeln
175 g Mehl (Type 405)
150 g Puderzucker
1 Prise Salz
abgeriebene Schale von ½ unbe-
  handelten Zitrone
1 Msp. Zimtpulver
1 Msp. gemahlene Nelken
150 g kalte Butter
1 Eigelb (M)
250 g Johannisbeergelee oder
  -konfitüre
1 Eigelb (M) zum Bestreichen

AUSSERDEM
Mehl zum Arbeiten

GUT ZU WISSEN

Achtung! Der Teig ist sehr mür-be und reißt beim Verarbeiten schnell, daher sollte man ihn zwischen den Verarbeitungs-schritten erneut kühlen. Die fertigen Schnitten kann man gut bevorraten: Luftdicht ver-packt bleiben sie ca. 6 Wochen saftig-lecker.

1 Die Mandeln in einer Pfanne unter regelmäßigem Wenden goldbraun rösten und anschließend auskühlen lassen. Das Mehl mit den gerösteten Mandeln, dem Puderzucker, Salz, Zitronenabrieb und den Gewürzen mischen und auf die Arbeitsfläche häufen. Eine Mulde formen, die Butter in kleine Stücke schneiden und zugeben, das Eigelb ergänzen und alles mit den Händen rasch zu einem glatten Teig verkneten. Den Teig in Frischhaltefolie wickeln und 1 Std. kalt stellen.

2 Den Ofen auf 180° vorheizen. Ein kleines Backblech (ca. 30 × 20 cm) mit Backpapier belegen. Etwa die Hälfte vom Teig auf einer bemehlten Arbeitsfläche ca. 5 mm dünn aus-rollen und auf das Blech legen. Das Johannisbeergelee glatt rühren und gleichmäßig auf den Teigboden streichen.

3 Den restlichen Teig ebenfalls ausrollen, mit einem gezack-ten Teigrad in etwa 1 cm breite Streifen schneiden und diese mit Eigelb bestreichen. Die Teigstreifen 20 Min. kalt stellen, dann als Gitter auf die Konfitüre legen. Das Blech in den Ofen schieben (Mitte) und den Teig in 30–35 Min. goldgelb backen. Herausnehmen, auskühlen lassen und mit einem scharfen Mes-ser in ca. 6 x 3 cm große Stücke schneiden.

Für ca. 40 Stück • 45 Min. Zubereitung • 12 Min. Backen pro Blech • Pro Stück ca. 100 kcal, 1 g E, 7 g F, 8 g KH

SPRITZGEBÄCK

EINFACH

220 g weiche Butter
80 g Puderzucker
1 Prise Salz
abgeriebene Schale von
    ½ unbehandelten Zitrone
Mark von 1 Vanilleschote
1 Ei (M)
2 Eigelbe (M)
270 g Mehl (Type 405)
1 geh. EL Speisestärke (15 g)
150 g Zartbitter-Schokolade

AUSSERDEM
Spritzbeutel mit mittelgroßer
    Sterntülle

1 Die Butter mit Puderzucker, Salz, Zitronenabrieb und Vanillemark mit den Rührbesen des Handrührgeräts cremig rühren. Nach und nach Ei und Eigelbe unterschlagen. Mehl und Stärke mischen, auf die Eimasse sieben und mit einem Teigschaber untermischen.

2 Den Ofen auf 180° vorheizen. Den Teig in einen Spritzbeutel mit mittelgroßer Sterntülle füllen und Stangen, Ringe o. Ä. auf ein mit Backpapier vorbereitetes Backblech spritzen. Im heißen Ofen (Mitte) in 10–12 Min. goldgelb backen. Herausnehmen und auf einem Gitter vollständig auskühlen lassen.

3 Die Schokolade hacken und in einer Schüssel über einem heißen Wasserbad schmelzen. Das ausgekühlte Spritzgebäck bis zur Hälfte in die flüssige Schokolade tauchen, kurz abtropfen lassen, auf ein Gitter setzen und die Glasur fest werden lassen.

Für ca. 80 Stück • 1 Std. Zubereitung • 1 Std. Kühlen • 14 Min. Backen pro Blech •
Pro Stück ca. 50 kcal, 1 g E, 3 g F, 6 g KH

SCHWARZ-WEISS-GEBÄCK

ZUM VERSCHENKEN

400 g Mehl (Type 405)
150 g Puderzucker
1 Prise Salz
1 EL Vanillezucker
250 g kalte Butter
2 Eigelbe (M)
2 EL Kakaopulver

AUSSERDEM
Mehl zum Arbeiten
Gewellter Kreis-Ausstecher
  (ca. 5 cm)
Mini-Herz- oder
  -Stern-Ausstecher

1 Mehl mit Puderzucker, Salz und Vanillezucker mischen und auf die Arbeitsfläche häufen. Eine Mulde formen, die Butter in kleine Stücke schneiden und zugeben, die Eigelbe ergänzen und alles rasch zu einem glatten Teig verkneten. Den Teig in zwei Portionen teilen und unter eine den Kakao kneten. Beide Teige in Frischhaltefolie wickeln und 1 Std. kalt stellen.

2 Den Ofen auf 180° vorheizen. Beide Teige separat auf wenig Mehl 3 mm dünn ausrollen und Kreise ausstechen. Die ausgestochenen Kreise auf ein mit Backpapier belegtes Backblech legen. Mit kleineren Ausstechern mittig Herzen oder Sterne vorsichtig aus den Teiglingen herausstechen. Die hellen Plätzchen jeweils mit einem kleineren dunklen Herz oder Stern füllen und die dunklen Plätzchen mit einem hellen Herz oder Stern. Die Teiglinge im Ofen (Mitte) 12–14 Min. hell backen. Herausnehmen und auf einem Kuchengitter vollständig auskühlen lassen.

1

2

3

ELISENLEBKUCHEN

EXTRA NUSSIG

4

5

6

Für ca. 30 Stück • 45 Min. Zubereitung • 12 Std. Ruhen • 20 Min. Backen pro Blech •
Pro Stück ca. 155 kcal, 3 g E, 8 g F, 18 g KH

FÜR DEN TEIG

150 g Walnusskerne
150 g Haselnusskerne
50 g gewürfeltes Orangeat
50 g gewürfeltes Zitronat
3 Eier (M)
150 g Zucker
50 g Honig
Mark von 1 Vanilleschote
50 g Mehl (Type 405)
2 TL Lebkuchengewürz
ca. 30 Backoblaten (7 cm Durch-
   messer)

FÜR DIE GLASUR

ca. 45 gehäutete Mandelkerne
200 g Puderzucker
1 Zitrone

GUT ZU WISSEN

Das Gebäck am besten in einer Blechdose aufbewahren und mit einem Stück Backpapier abdecken. Einige Apfelschalen darüber verteilen; sie halten die Lebkuchen weich und saftig. Nach etwa 10 Tagen haben die Lebkuchen die optimale Beschaffenheit.

TEIG: Die Wal- und Haselnüsse möglichst fein hacken. Das Orangeat und Zitronat fein hacken. Die Eier mit Zucker, Honig und Vanillemark mit den Rührbesen des Handrührgeräts in ca. 5 Min. schaumig-steif schlagen (Bild 1). Dann Mehl, Nüsse, Orangeat, Zitronat und Lebkuchengewürz hinzufügen und gründlich untermischen (Bild 2). Den Teig abdecken und im Kühlschrank über Nacht ruhen lassen.

Am nächsten Tag den Ofen auf 180° vorheizen. Die Oblaten auf ein mit Backpapier belegtes Backblech verteilen. Den Teig mithilfe von 2 Löffeln gleichmäßig ca. 2 cm hoch auf den Oblaten verteilen und ggf. leicht glatt streichen (Bild 3). Die Lebkuchen im heißen Ofen (Mitte) in 15–20 Min. goldbraun backen. Herausnehmen und auf einem Gitter auskühlen lassen.

GLASIEREN: Die Mandelkerne mit einem scharfen Messer längs halbieren. Den Puderzucker in eine Schüssel sieben. Die Zitrone halbieren und auspressen. Den Puderzucker mit dem Zitronensaft zu einem dickflüssigen Guss verrühren (Bild 4). Die Lebkuchen gleichmäßig mit der Glasur bepinseln (Bild 5). Jeden Lebkuchen sofort dekorativ mit 3 halbierten Mandeln belegen und die Glasur gut trocknen lassen (Bild 6).

Für ca. 35 Stück • 45 Min. Zubereitung • 2 Std. Kühlen • 15 Min. Backen pro Blech •
Pro Stück ca. 100 kcal, 3 g E, 5 g F, 11 g KH

ZIMTSTERNE

AROMATISCH

350 g fein gemahlene Mandeln
2 TL Zimtpulver
50 g Mehl (Type 405)
100 g Puderzucker
2 Eiweiß (M)
200 g Puderzucker
1 EL Mehl (Type 405)
1 Eiweiß (M)

AUSSERDEM
Zimtstern-Ausstecher

1 300 g Mandeln mit dem Zimt mischen. Mehl und Puderzucker mischen, mit den Eiweißen zu den Mandeln geben und alles verkneten. Den Teig abdecken und 2 Stunden kalt stellen. Puderzucker und Mehl mischen und sieben. Das Eiweiß steif schlagen, dabei nach und nach die Puderzucker-Mehl-Mischung zufügen.

2 Den Ofen auf 170° vorheizen. Den Teig zwischen Frischhaltefolie 1 cm dick ausrollen. Zwei Drittel der Eiweißglasur auf dem Teig verstreichen. Sterne ausstechen, dabei den Ausstecher immer wieder in heißes Wasser tauchen, damit nichts anklebt. Die Sterne auf ein mit Backpapier belegtes Blech legen und in 10–15 Min. hell backen.

3 Die Teigreste mit den restlichen Mandeln verkneten. Die Masse erneut zwischen Folie ausrollen, mit der restlichen Glasur bestreichen, ausstechen und backen. Die fertigen Zimtsterne vollständig auskühlen lassen, bevor man sie ggf. in eine Dose schichtet.

Für ca. 40 Stück • 30 Min. Zubereitung • 4 Std. Kühlen • Pro Stück ca. 110 kcal, 1 g E, 8 g F, 8 g KH

HEINERLE

OHNE BACKEN

250 g Blockschokolade
250 g Kokosfett (z. B. Palmin)
2 Eier (M)
100 g Puderzucker
Mark von 1 Vanilleschote
ca. 2 EL Orangenlikör
10 rechteckige Backoblaten
   (ca. 12 × 20 cm)

1 Die Schokolade hacken, mit dem zerkleinerten Kokosfett in eine Schüssel geben und über einem heißen Wasserbad unter Rühren schmelzen. Die Eier mit dem Puderzucker und Vanillemark schaumig schlagen, dann mit dem Likör unter die Schokolade-Fett-Mischung ziehen. Die Schüssel vom Wasserbad nehmen und die Masse abkühlen lassen, bis sie streichfähig ist.

2 Die Schokoladencreme mit einer Palette oder einem Messer gleichmäßig dünn auf 9 Oblaten verstreichen und diese anschließend turmartig und möglichst bündig aufeinander setzen. Mit der letzten Oblate bedecken, leicht andrücken und das Ganze mit einem kleinen Brettchen beschweren. Im Kühlschrank 4 Std. vollständig erkalten und fest werden lassen, dann den rechteckigen Schoko-Block mit einem scharfen Messer mit glatter Klinge in kleine etwa 2 cm große Quadrate oder Rauten schneiden.

Für ca. 30 Stück • 35 Min. Zubereitung • 2 Std. Kühlen • 15 Min. Backen •
Pro Stück ca. 90 kcal, 1 g E, 4 g F, 12 g KH

KOKOSMAKRONEN

SAFTIG

120 g feine Kokosraspel
250 g Zucker
abgeriebene Schale von
    1 unbehandelten Zitrone
4 Eiweiß (M)
2 EL Mehl (20 g)
ca. 30 runde Backoblaten
    (4 cm Durchmesser)
150 g Vollmilch-Schokolade
Currypulver zum Bestreuen,
    nach Belieben

AUSSERDEM
Spritzbeutel mit Lochtülle

1 Die Kokosraspel mit Zucker und Zitronenabrieb in einer Metall-schüssel mischen. Die Eiweiße zugeben und alles gut miteinander verrühren. Die Schüssel über ein leicht kochendes Wasserbad setzen und die Masse unter Rühren auf etwa 70° erhitzen. Anschließend den Mix im Kühlschrank 2 Std. vollständig abkühlen lassen.

2 Den Ofen auf 160° vorheizen. Mehl unter die Makronenmasse rühren. Die Masse in einen Spritzbeutel mit Lochtülle füllen, kleine Häufchen auf die Oblaten spritzen, die Makronen auf ein Blech setzen und in 10 Min. (Mitte) möglichst hell backen. Die Ofentür leicht öffnen (einen Kochlöffelstiel in die Tür einklemmen) und die Makronen weitere ca. 5 Min. fertigbacken. Auskühlen lassen.

3 Die Schokolade hacken, über einem heißen Wasserbad schmel-zen und die Makronen halbseitig damit bepinseln. Nach Belieben mit einer Prise Curry bestreuen und die Glasur fest werden lassen.

Für ca. 60 Stück • 1 Std. Zubereitung • 12 Std. Kühlen • 12 Min. Backen pro Blech •
Pro Stück ca. 75 kcal, 1 g E, 4 g F, 10 g KH

SPEKULATIUS

WÜRZIG

500 g Mehl (Type 405)
200 g Puderzucker
1 Prise Salz
1 EL Spekulatiusgewürz
250 g kalte Butter
2 Eier (M)

AUSSERDEM
Mehl zum Arbeiten
Spekulatius-Holzmodel

1 Das Mehl mit dem Puderzucker, Salz und Spekulatiusgewürz mischen und auf die Arbeitsfläche häufen. Eine Mulde formen, die Butter in kleine Stücke schneiden und zugeben, die Eier ergänzen und alles mit den Händen rasch zu einem glatten Teig verkneten. Den Teig in Frischhaltefolie wickeln und über Nacht kalt stellen.

2 Den Ofen auf 200° vorheizen. Teig auf einer bemehlten Arbeitsfläche nochmals durchkneten und in kleinen Stücken mit dem Handballen in mit Mehl bestäubte spezielle Modeln drücken. Mit einem Messer vorsichtig den überstehenden Teig abschneiden. Die Teigreste miteinander verkneten, kalt stellen und zu weiteren Spekulatiusplätzchen verarbeiten.

3 Die geformten Spekulatius aus der Form auf ein mit Backpapier belegtes Backblech klopfen. Im heißen Ofen (Mitte) in etwa 12 Min. goldbraun backen. Herausnehmen und auskühlen lassen.

VERFÜHRERISCH ANDERS

Durch die starke Reduktion des Glühweins und die Kombination mit der Butter ergibt sich ein überraschend intensives Glühwein-Aroma. Solch intensive Aromen lassen sich mit vielen Flüssigkeiten erzeugen, etwa mit Fruchtsäften.

Für ca. 30 Stück • 45 Min. Zubereitung • 30 Min. Ruhen • 15 Min. Backen •
Pro Stück ca. 120 kcal, 1 g E, 6 g F, 13 g KH

GLÜHWEIN-MACARONS

MIT ALKOHOL

FÜR DIE MACARONS
125 g gemahlene gehäutete Mandeln
210 g Puderzucker
3 Eiweiß (100 g)
30 g Zucker
4–5 Tropfen Lebensmittelfarbe (rot)

FÜR DIE FÜLLCREME
20 g Speisestärke
500 ml Glühwein
50 g Zucker
150 g weiche Butter

AUSSERDEM
Spritzbeutel mit kleiner Lochtülle

MACARONS: Die Mandeln mit dem Puderzucker mischen und portionsweise in einem Mixer fein mahlen. Den Mix durch ein feines Sieb schütteln, grobe Reste erneut vermahlen. Die Eiweiße mit dem Zucker steif schlagen. Nach und nach einige Tropfen Lebensmittelfarbe hinzufügen und den Eischnee rot einfärben. Den Mandel-Puderzucker-Mix in vier bis fünf Portionen behutsam unterheben.

Die Masse in einen Spritzbeutel mit Lochtülle füllen und in kleinen Tupfen von ca. 3 cm Durchmesser auf zwei mit Backpapier belegte Backbleche spritzen (Vorsicht: Die Masse läuft auseinander). Alles ca. 30 Min. antrocknen lassen. Den Backofen auf 150° Umluft vorheizen. Beide Bleche gleichzeitig in den Backofen schieben und die Macarons etwa 15 Min. backen. Anschließend herausnehmen und Macarons auf den Blechen vollständig auskühlen lassen.

FÜLLUNG: Die Stärke mit 2 EL Glühwein anrühren. Den restlichen Glühwein mit dem Zucker mischen, aufkochen und offen auf ca. 200 ml einkochen lassen. Die angerührte Stärke hinzufügen und unter weiterem Rühren so lange kochen, bis alles eine dickflüssige Konsistenz erlangt.

Die Creme in eine Schüssel umfüllen, mit Frischhaltefolie abdecken und vollständig erkalten lassen, dann nach und nach die weiche Butter unterrühren. Die Glühweincreme mit einer kleinen Palette oder einem Messer auf die Hälfte der Macarons verteilen. Die übrigen Macarons daraufsetzen.

Für ca. 45 Stück • 30 Min. Zubereitung • 1 Std. Ruhen • 30 Min. Backen •
Pro Stück ca. 95 kcal, 2 g E, 4 g F, 12 g KH

STOLLEN-CANTUCCINI

AUS ITALIEN

300 g Mehl (Type 405)
1 TL Backpulver
125 g Zucker
1 Prise Salz
½ TL gemahlene Vanille
125 g weiche Butter
2 Eier (M)
je 50 g gewürfeltes Orangeat
  und Zitronat
50 g Rum-Rosinen
150 g Mandelkerne
ca. 75 g Puderzucker zum
  Bestäuben

1 Das Mehl mit Backpulver, Zucker, Salz und Vanille mischen und auf die Arbeitsfläche häufen. Eine Mulde formen, 50 g Butter in kleine Stücke schneiden und zugeben, die Eier ergänzen und alles mit den Händen rasch zu einem glatten Teig verkneten. Orangeat, Zitronat, abgetropfte Rum-Rosinen und Mandeln unterkneten. Den Teig in Frischhaltefolie wickeln und 1 Std. im Kühlschrank ruhen lassen.

2 Den Ofen auf 200° vorheizen. Den Teig in vier Stücke teilen, je zu einer 30 cm langen Rolle formen, mit reichlich Abstand zueinander auf ein mit Backpapier belegtes Blech legen und 15 Min. vorbacken. Aus dem Ofen nehmen und auf dem Blech auskühlen lassen. Die restliche Butter schmelzen, auf die Cantuccini-Rollen pinseln und mit Puderzucker bestäuben. Die Rollen mit einem Sägemesser in schräge Stücke schneiden und diese weitere 10–15 Min. backen. Herausnehmen und abkühlen lassen.

Für ca. 20 Stück • 45 Min. Zubereitung • 25 Min. Backen •
Pro Stück ca. 140 kcal, 2 g E, 8 g F, 15 g KH

BRATAPFEL-COOKIES

FRUCHTIG

2 mittelgroße Äpfel (z. B. Elstar)
50 g Mandelstifte
150 g weiche Butter
50 g brauner Zucker
1 Ei (M)
125 g Mehl (Type 405)
1 TL Backpulver
1 TL Zimtpulver
50 g Rum-Rosinen

1 Die Äpfel waschen, entkernen, mitsamt der Schale in kleine Würfel schneiden und diese mit den Mandeln in 1 EL zerlassener Butter anbraten. Vom Herd nehmen und abkühlen lassen.

2 Den Ofen auf 180° vorheizen. Restliche Butter mit braunem Zucker cremig schlagen, dann das Ei unterrühren. Mehl mit Backpulver und Zimt mischen und unter die Buttermasse rühren. Danach die gebratene Apfel-Mandel-Mischung sowie die abgetropften Rum-Rosinen unter den Teig heben.

3 Den Teig zunächst zu pflaumengroßen Kugeln rollen, diese mit ca. 5 cm Abstand zueinander auf ein mit Backpapier belegtes Backblech setzen und etwas flach drücken. Die Cookies im heißen Ofen in etwa 25 Min. goldbraun backen. Herausnehmen und auf einem Kuchengitter erkalten lassen.

Für ca. 80 Stück • 1 Std. Zubereitung • 1 Std. Kühlen • 14 Min. Backen pro Blech •
Pro Stück ca. 90 kcal, 1 g E, 6 g F, 8 g KH

MACADAMIANUSS-BLÜTEN

EXTRA NUSSIG

FÜR DEN TEIG
400 g Mehl (Type 405)
150 g Zucker
1 Prise Salz
250 g Butter
1 Ei (Größe M)

FÜR DIE KARAMELL-NÜSSE
2 EL Honig
ca. 2 EL brauner Zucker
½ TL Zimtpulver
ca. 80 gesalzene Macadamianuss-
*   kerne (ca. 250 g)*

AUSSERDEM
Mehl zum Arbeiten
Blüten-Ausstecher (4–5 cm)
200 g weiße Kuvertüre
essbare Goldflocken (nach Belieben)

TEIG: Das Mehl mit Zucker und Salz mischen und auf die Arbeitsfläche häufen. Eine Mulde formen, die Butter in kleine Stücke schneiden und zugeben, das Ei ergänzen und alles mit den Händen rasch zu einem glatten Teig verkneten. Den Teig in Frischhaltefolie wickeln und 1 Std. kalt stellen.

KARAMELL-NÜSSE: Inzwischen Honig mit braunem Zucker und Zimt in einer Pfanne erhitzen, Macadamianüsse zufügen und darin hellbraun karamellisieren. Anschließend die Nüsse auf einem Bogen Backpapier verteilen, aneinanderklebende Nüsse voneinander trennen und alles auskühlen lassen.

Den Ofen auf 180° vorheizen. Den Teig auf einer bemehlten Arbeitsfläche ca. 5 mm dünn ausrollen. Mit blütenförmigen Ausstechern Plätzchen ausstechen und diese nebeneinander auf ein mit Backpapier belegtes Backblech legen. In die Mitte jeweils eine Nuss drücken. Die Plätzchen im heißen Ofen in 12–14 Min. goldbraun backen. Anschließend abkühlen lassen.

GLASIEREN: Die Kuvertüre hacken und in einer kleinen Schüssel über einem heißen Wasserbad schmelzen. Die Plätzchen rund um die Nuss mit der Kuvertüre bepinseln und auf Backpapier absetzen, bis die Kuvertüre fest geworden ist. Nach Belieben mit essbaren Goldflocken garnieren.

Das zarte Aroma der Macadamianüsse kommt in Kombination mit dem gewürzten Karamell besonders gut zur Geltung. Auch das Aroma anderer Nüsse und Mandeln kann durch das Karamellisieren mit Gewürzen wunderbar hervorgehoben werden.

Für ca. 25 Stück • 1 Std. Zubereitung • 14 Min. Backen pro Blech • Pro Stück ca. 150 kcal, 2 g E, 7 g F, 21 g KH

SPEKULATIUS-SCHNECKEN

EINFACH

150 g weiche Butter
200 g Puderzucker
1 Eigelb (M)
1 EL Spekulatiusgewürz
1 Prise Salz
100 g Sahne
300 g Mehl (Type 405)
150 g Orangenmarmelade
  (ersatzweise Apfel- oder
  Johannisbeergelee)

AUSSERDEM
Spritzbeutel mit kleiner
  Lochtülle

1 Butter mit Puderzucker cremig rühren. Eigelb, Spekulatiusgewürz und Salz zufügen und unterrühren. Die Sahne lauwarm erhitzen und nach und nach in die Buttermasse einrühren. Anschließend das Mehl zugeben und untermischen.

2 Den Ofen auf 200° vorheizen. Die Sandteigmasse in einen Spritzbeutel mit kleiner Lochtülle füllen und auf mit Backpapier belegte Bleche etwa 50 runde Schnecken spritzen. Diese in ca. 12–14 Min. im Ofen goldbraun backen. Herausnehmen und abkühlen lassen.

3 Die Hälfte der Sandteigschnecken jeweils dünn mit etwas Marmelade bestreichen und mit den restlichen Sandteigschnecken belegen. Leicht andrücken.

Für ca. 24 Stück • 25 Min. Zubereitung • 10 Min. Backen • Pro Stück ca. 85 kcal, 1 g E, 5 g F, 8 g KH

CHILI-ZIMT-MADELEINES

SCHNELL

2 Eier (M)
50 g Zucker
1 Prise Salz
75 g weiche Butter
80 g Mehl (Type 405)
2 TL Zimtpulver
1 TL Chilipulver
½ TL Backpulver
100 g Zartbitter-Schokolade
  (ca. 50 % Kakao)
1 EL Honig

AUSSERDEM
Madeleine-Backform
Butter und Mehl für die Form
Spritzbeutel mit Lochtülle

1 Den Backofen auf 180° vorheizen. Die Aushöhlungen der Madeleine-Backform sorgfältig mit Butter bestreichen und mit Mehl bestäuben. Die Eier mit Zucker und Salz in etwa 5 Min. schaumig schlagen. Die Butter stückweise zugeben und unterrühren. Mehl mit Zimt, Chili und Backpulver mischen und unterrühren, sodass ein glatter und geschmeidiger Teig entsteht.

2 Den Teig in einen Spritzbeutel mit Lochtülle füllen und in die Aushöhlungen der Form spritzen. Die Madeleines 8–10 Min. im heißen Ofen leicht gebräunt backen. Die fertigen Madeleines aus der Form stürzen und auf einem Gitter abkühlen lassen.

3 Die Schokolade hacken und mit dem Honig in einer Schüssel über einem heißen Wasserbad schmelzen. Die Madeleines zur Hälfte in die geschmolzene Schokolade tauchen, kurz abtropfen lassen und auf Backpapier legen, bis die Schokolade fest geworden ist.

KLEINE LEBKUCHEN MIT KANDIERTEN ORANGEN

FRUCHTIG

FÜR DIE LEBKUCHEN

300 g Mandeln
100 g gemahlene Mandeln
2 Zweige Rosmarin
3 saftige Orangen (davon 2 unbe-
*   handelt)*
2 EL Honig
3 Eier (M)
250 g Zucker
75 g Mehl (Type 405)
30 Backoblaten (5 cm Durchmesser)

FÜR DIE GLASUR

100 g Zartbitter-Kuvertüre
*   (ca. 50 % Kakao)*

GUT ZU WISSEN

Das fertige Gebäck in einer Blechdose aufbewahren und mit einem Stück Backpapier abdecken. Einige Apfelschalen darüber verteilen, dadurch bleiben die Lebkuchen länger weich und saftig.

TEIG: Mandeln möglichst fein hacken und mit den gemahlenen Mandeln unter Rühren goldbraun rösten. Rosmarinnadeln sehr fein hacken. Unbehandelte Orangen waschen, von 1 Orange die Schale dünn herunterschälen (ohne weiße Fruchthaut), in feine Streifen schneiden (Bild 1) und beiseitestellen. Von der zweiten Orange die Schale fein abreiben und alle Orangen auspressen. Schalenabrieb und Saft in einen Topf geben. Rosmarin und Honig ergänzen und alles sirupartig auf etwa 50 ml einkochen, dabei regelmäßig umrühren.

Die Eier mit 150 g Zucker mit dem Handrührgerät in ca. 5 Min. weiß-schaumig schlagen. Den Orangen-Honig-Sirup unterrühren (Bild 2). Mehl und geröstete Mandeln untermischen. Den Teig zugedeckt im Kühlschrank über Nacht ruhen lassen.

KANDIEREN: Den restlichen Zucker mit 150 ml Wasser und den beiseitegestellten Orangenschalenstreifen in einen Topf geben und bei mittlerer Hitze 6-8 Min. leise köcheln lassen. Die Schalenstreifen im Sirup abkühlen lassen (Bild 3).

FERTIGSTELLEN: Den Ofen auf 180° vorheizen. Den Teig mit einem Löffel auf die Backoblaten verteilen und mit ca. 5 cm Abstand zueinander auf ein mit Backpapier belegtes Backblech setzen (Bild 4). Die Lebkuchen im heißen Ofen in ca. 15 Min. goldbraun backen. Herausnehmen und auf einem Gitter auskühlen lassen.

Die Kuvertüre hacken und in einer Schüssel über einem heißen Wasserbad schmelzen. Die ausgekühlten Lebkuchen mit der Kuvertüre bestreichen (Bild 5) und mit abgetropften Orangenschalenstreifen garnieren (Bild 6). Die Kuvertüre fest werden lassen.

Für ca. 30 Stück • 30 Min. Zubereitung • 35 Min Backen • Pro Stück ca. 135 kcal, 2 g E, 10 g F, 9 g KH

ROSA-PFEFFER-BROWNIES

GLUTENFREI

4 Eier (M)
50 g gemahlene Mandeln
200 g Zartbitter-Schokolade
  (ca. 50 % Kakao)
175 g Butter
125 g brauner Zucker
1 Prise Salz
75 g weiße Schokolade
ca. 2 EL Rosa Pfefferbeeren

1 Die Eier Zimmertemperatur annehmen lassen. Den Ofen auf 160° vorheizen. Eine rechteckige Backform (ca. 20 × 30 cm) mit Backpapier auslegen. Die Mandeln in einer Pfanne unter Wenden goldbraun rösten. Die Schokolade hacken und zusammen mit Butter und Zucker in einer Schüssel über einem heißen Wasserbad schmelzen. Die Eier nach und nach unter die flüssige Schoko-Butter-Mischung rühren. Geröstete Mandeln und Salz untermischen, den Teig in die Form füllen und im Ofen ca. 35 Min. backen. Herausnehmen und auskühlen lassen.

2 Die weiße Schokolade hacken und in einer Schüssel über einem heißen Wasserbad schmelzen. Pfefferbeeren im Mörser grob zerstoßen. Flüssige Schokolade gleichmäßig dünn auf den abgekühlten Kuchen pinseln, mit den rosa Pfefferbeeren bestreuen und fest werden lassen. Den Kuchen mit einem angewärmten Messer in ca. 3 cm große, rautenförmige Brownies schneiden.

Für ca. 20 Stück • 25 Min. Zubereitung • 15 Min. Backen • Pro Stück ca. 80 kcal, 1 g E, 4 g F, 9 g KH

GEWÜRZ-GUGELHUPFIS

AROMATISCH

75 ml Milch (1,5 % Fett)
75 g Zucker, 1 Prise Salz
2 TL Lebkuchengewürz
50 g Vollmilch-Schokolade
(ca. 40 % Kakao)
50 g weiche Butter, 1 Ei (M)
100 g Mehl (Type 405)
1 TL Backpulver
ca. 1 EL Kakaopulver

AUSSERDEM
Fett für die Form
Mini-Gugelhupfformen
(ca. 4,5 cm Durchmesser)
Spritzbeutel mit kleiner
Lochtülle

1 Den Ofen auf 180° vorheizen. Die Förmchen fetten. Die Milch mit der Hälfte des Zuckers, dem Salz und 1 TL Lebkuchengewürz kurz aufkochen. Die Schokolade hacken, zur heißen Milch geben und darin unter Rühren schmelzen.

2 Die Butter mit dem restlichen Zucker cremig rühren und das Ei unterschlagen. Mehl mit Backpulver mischen, dazu sieben und unterziehen. Zuletzt die Schokoladen-Milch unterrühren.

3 Den Teig mithilfe eines Spritzbeutels mit Lochtülle in die Förmchen füllen und im heißen Ofen (unten) ca. 15 Min. backen (Stäbchenprobe). Fertige Gugelhupfis gut auskühlen lassen, erst dann vorsichtig aus den Förmchen lösen. 1 TL Lebkuchengewürz mit dem Kakao mischen und die Gugelhupfis damit bestäuben.

KOKOS-MACARONS MIT SCHOKO-MANDARINEN-CREME

EXOTISCH

FÜR DIE MACARONS

125 g feine Kokosraspel
210 g Puderzucker
3 Eiweiß (100 g)
30 g Zucker
50 g grobe Kokosraspel zum
  Bestreuen

FÜR DIE FÜLLCREME

100 g Zartbitter-Schokolade
  (ca. 70 % Kakao)
100 g Vollmilch Schokolade
  (ca. 30 % Kakao)
1 saftige Bio-Mandarine
75 ml Sahne, 50 g Zucker

AUSSERDEM

Spritzbeutel mit mittelgroßer und
  kleiner Lochtülle

GUT ZU WISSEN

Für gleichgroße Macarons
3 cm große Kreise mit einem
Zirkel auf die Rückseite des
Backpapiers aufmalen oder
gleich eine spezielle Macaron-
Backmatte verwenden.

MACARONS: Kokosraspel mit Puderzucker mischen und portionsweise in einem Mixer möglichst fein mahlen. Anschließend durch ein feines Sieb schütteln und die groben Bestandteile erneut vermahlen.

Die Eiweiße mit dem Zucker steif schlagen. Den Kokos-Mix in 4–5 Portionen behutsam unter den Eischnee heben. Die Masse in einen Spritzbeutel mit mittlerer Lochtülle füllen, ca. 3 cm große Tupfen auf ein mit Backpapier belegtes Backblech spritzen und diese mit den groben Kokosraspeln bestreuen. Die Masse ca. 30 Min. antrocknen lassen.

Inzwischen den Ofen auf 150° Umluft vorheizen. Die Bleche mit den angetrockneten Macarons in den vorgeheizten Ofen schieben und darin etwa 15 Min. backen. Anschließend herausnehmen und auf dem Blech auskühlen lassen.

FÜLLUNG: Beide Schokoladen hacken und in eine Schüssel geben. Die Mandarine heiß waschen, trocken tupfen, die Schale fein abreiben und den Saft auspressen. Schale und Saft mit Sahne und Zucker aufkochen, über die Schokolade gießen und glatt rühren. Die Creme abkühlen lassen, bis sie streichfähig ist, dann in einen Spritzbeutel mit kleiner Lochtülle füllen und auf die Hälfte der Macarons verteilen. Die restlichen Macaronschalen daraufsetzen und behutsam andrücken.

Für ca. 30 Stück • 45 Min. Zubereitung • 1 Std. Kühlen • 15 Min. Backen •
Pro Stück ca. 65 kcal, 1 g E, 4 g F, 5 g KH

MOKKA-NUSS-KIPFERL

EINFACH

50 g gemahlene Haselnüsse
125 g Mehl (Type 405)
50 g Puderzucker
1 EL lösliches Espressopulver
½ TL gemahlener Kardamom
1 Prise Salz
100 g kalte Butter
1 Eigelb (M)

AUSSERDEM
Ca. 3 EL Kakaopulver
    zum Bestäuben

1 Gemahlene Haselnüsse in einer Pfanne unter regelmäßigem Wenden goldbraun rösten, anschließend abkühlen lassen. Das Mehl mit den Nüssen, dem Puderzucker, Espressopulver, Kardamom und Salz mischen und auf die Arbeitsfläche häufen. Eine Mulde formen, die Butter in kleine Stücke schneiden und zugeben, das Eigelb ergänzen und alles mit den Händen rasch zu einem glatten Teig verkneten. Den Teig in Frischhaltefolie wickeln und 1 Std. kalt stellen.

2 Den Backofen auf 160° vorheizen. Den Teig kurz durchkneten, dann zu ca. 2 cm dicken Rollen formen und diese in ca. 2 cm große Stücke teilen. Die Teigstücke zu Kugeln rollen, diese zu Kipferl formen und auf ein mit Backpapier belegtes Blech setzen. Die Kipferl in den heißen Ofen (Mitte) schieben und in etwa 15 Min. goldbraun backen. Herausnehmen, abkühlen lassen und die Kipferl zum Servieren leicht mit Kakao bestäuben.

Für ca. 35 Stück • 45 Min. Zubereitung • 1 Std. Kühlen • 20 Min. Backen pro Blech •
Pro Stück ca. 90 kcal, 2 g E, 5 g F, 10 g KH

NUSS-DÖRROBST-MAKRONEN

FRUCHTIG

200 g Walnusskerne
100 g gemischte Trockenfrüchte
  (z. B. Aprikosen, Pflaumen)
200 g Zucker
1 TL abgeriebene Bio-Zitro-
  nenschale, 4 Eiweiß (M)
20 g Mehl (Type 405)
ca. 40 runde Backoblaten
  (4 cm Durchmesser)
100 g Vollmilch-Schokolade
  (ca. 30 % Kakao)
10 g Kokosfett, 1 TL Zimt

AUSSERDEM
Spritzbeutel mit großer
  Lochtülle

1 Walnüsse fein mahlen, Trockenfrüchte klein würfeln und beides mit Zucker und Zitronenschale mischen. Die Eiweiße unterrühren. Die Mischung unter Rühren über einem leicht kochenden Wasserbad auf etwa 70° erhitzen. Vom Wasserbad nehmen und im Kühlschrank in ca. 1 Std. vollständig abkühlen lassen.

2 Backofen auf 160° vorheizen. Das Mehl unter die Makronenmasse rühren und die Masse in einen Spritzbeutel mit Lochtülle füllen. Die Masse auf Backoblaten spritzen und diese nebeneinander auf ein Backblech setzen. Im Ofen (Mitte) etwa 20 Min. backen. Herausnehmen und auskühlen lassen.

3 Die Schokolade hacken. Mit dem Kokosfett in eine Schüssel geben und unter Rühren über einem heißen Wasserbad schmelzen. Den Zimt unterrühren. Die Glasur mit einem Pinsel auf die abgekühlten Makronen streichen und fest werden lassen.

Für ca. 30 Stück • 1 Std. Zubereitung • 1 Std. Kühlen • 12 Min. Backen pro Blech •
Pro Stück ca. 100 kcal, 1 g E, 5 g F, 11 g KH

KOKOS-SPITZBUBEN MIT PASSIONSFRUCHTGELEE

EXOTISCH

FÜR DEN TEIG
200 g Mehl (Type 405)
75 g Puderzucker
1 Prise Salz
125 g Butter
1 Eigelb (M)

FÜR DIE FÜLLUNG
50 g weiße Schokolade
50 g Kokosraspel
1 Passionsfrucht
100 ml Passionsfruchtsaft
  (Maracujasaft)
50 g Gelierzucker 2:1

AUSSERDEM
Mehl zum Arbeiten
Kreis-Ausstecher (4–5 cm)
kleiner Kreis-Ausstecher (ca. 2 cm)

TEIG: Das Mehl mit dem Puderzucker und 1 Prise Salz mischen und auf die Arbeitsfläche häufen. Eine Mulde formen, die Butter in kleine Stücke schneiden und zugeben, das Eigelb ergänzen und alles mit den Händen rasch zu einem glatten Teig verkneten. Den Teig in Frischhaltefolie wickeln und 1 Std. kalt stellen.

Den Ofen auf 180° vorheizen. Den Teig auf einer bemehlten Arbeitsfläche ca. 3 mm dünn ausrollen. Mit einem Kreis-Ausstecher Plätzchen ausstechen und diese nebeneinander auf ein mit Backpapier belegtes Backblech setzen. Aus der Hälfte der Plätzchen mit einem kleineren Ausstecher Kreise ausstechen. Die Plätzchen im heißen Ofen (Mitte) in 10–12 Min. lichtgelb backen. Herausnehmen und auskühlen lassen.

FÜLLUNG: Die Schokolade hacken und über einem heißen Wasserbad schmelzen. Die gelochten Plätzchen auf beiden Seiten dünn mit flüssiger weißer Schokolade bestreichen. Die Oberseite mit Kokosraspeln bestreuen und mit der Unterseite auf die ungelochten Plätzchen kleben. Fest werden lassen.

Die Passionsfrucht halbieren, das Mark mit den Kernen herauskratzen und mit dem Saft und Gelierzucker in einem kleinen Topf mischen. Zum Kochen bringen und etwa 4 Min. sprudelnd kochen. Anschließend etwas abkühlen lassen und mit einem kleinen Teelöffel in die »Löcher« verteilen. Das Gelee vollständig erkalten und fest werden lassen.

Für ca. 40 Stück • 45 Min. Zubereitung • 20 Min. Backen pro Blech • Pro Stück ca. 70 kcal, 2 g E, 5 g F, 4 g KH

ERDNUSS-CURRY-FLORENTINER

KNUSPRIG

2 EL Honig
50 g Butter
50 ml Kokosmilch
50 g Puderzucker
250 g geröstete, gesalzene
Erdnüsse
2 EL Mehl (Type 405)
150 g weiße Schokolade
ca. 2 TL Currypulver (Madras)

1 Den Ofen auf 180° vorheizen. Honig, Butter, Kokosmilch und Puderzucker in einen kleinen Topf geben und bei mittlerer Hitze und unter ständigem Rühren mit einem kleinen Schneebesen in ca. 5 Min. hellbraun und dickflüssig einkochen.

2 Die Erdnüsse hacken und mit dem Mehl und der heißen Karamellmasse verrühren. Den Mix mithilfe eines Löffels in kleinen Häufchen mit etwas Abstand zueinander auf ein mit Backpapier belegtes Blech verteilen und im heißen Ofen (Mitte) in ca. 20 Min. goldbraun backen. Herausnehmen und erkalten lassen.

3 Für die Glasur die Schokolade hacken und in einer Schüssel über einem heißen Wasserbad schmelzen. Die Erdnuss-Florentiner zur Hälfte mit der Schokolade bepinseln. Jeweils 1 Prise Curry auf die Schokoladenseite streuen und diese fest werden lassen.

Für ca. 50 Stück • 30 Min. Zubereitung • 8 Min. Backen pro Blech • Pro Stück ca. 45 kcal, 1 g E, 3 g F, 4 g KH

SPEKULATIUS-MANDEL-BLÄTTER

SCHNELL

50 g Butter
100 g Puderzucker
100 g Mehl (Type 405)
ca. 2 TL Spekulatiusgewürz
2 Eiweiß (M)
200 g gehobelte Mandeln

1 Die Butter in einen kleinen Topf geben, schmelzen und wieder etwas abkühlen lassen. In eine Schüssel geben und mit dem Puderzucker, Mehl, Spekulatiusgewürz und den Eiweißen zu einer glatten, streichfähigen Masse verrühren. Den Backofen auf 180° vorheizen.

2 Die Backbleche mit Backpapier belegen. Die Masse mithilfe einer Palette oder eines Löffels zu hauchdünnen Plätzchen von je 6–8 cm Durchmesser verstreichen. Jedes Plätzchen gleichmäßig mit gehobelten Mandeln bestreuen.

3 Die Plätzchen im heißen Ofen (Mitte) in ca. 8 Min. goldbraun und knusprig backen. Herausnehmen, auf dem Blech erkalten lassen und mit einer Palette vom Backpapier lösen. Die Spekulatius-Mandel-Blätter zum Aufbewahren luftdicht in einer Dose verpacken.

BETÖREND SCHÖN

Für ca. 25 Stück • 1 Std. Zubereitung • 1 Std. Kühlen • 15 Min. Backen pro Blech •
Pro Stück ca. 100 kcal, 1 g E, 5 g F, 13 g KH

EISKRISTALLE

EINFACH

FÜR DEN TEIG
150 g Mehl (Type 405)
50 g gemahlene gehäutete Mandeln
50 g Puderzucker
1 Prise Salz, 100 g Butter
1 Eigelb (M)

FÜR DIE GLASUR
150 g Puderzucker
ca. 2 EL Zitronensaft
Lebensmittelfarbe (blau)

AUSSERDEM
Mehl zum Arbeiten
mehrere Eiskristall-Ausstecher
  (4–7 cm)
2 Mini-Papierspritztüten

TEIG: Mehl mit Mandeln, Puderzucker und 1 Prise Salz mischen und auf die Arbeitsfläche häufen. Eine Mulde formen, die Butter in kleine Stücke schneiden und zugeben, das Eigelb ergänzen und alles rasch zu einem glatten Teig verkneten. Den Teig in Frischhaltefolie wickeln und 1 Std. kalt stellen.

Den Ofen auf 180° vorheizen. Den Teig auf wenig Mehl 3 mm dünn ausrollen. Mit Eiskristall-Ausstechern Plätzchen ausstechen und auf ein mit Backpapier belegtes Blech legen. Die Plätzchen im heißen Ofen (Mitte) in ca. 15 Min. goldbraun backen, herausnehmen und abkühlen lassen.

GLASIEREN: Den Puderzucker mit Zitronensaft klümpchenfrei anrühren. Zwei Drittel davon mit 2–3 Tropfen Lebensmittelfarbe hellblau einfärben. Weiße und hellblaue Zuckerglasur jeweils in eine Mini-Papierspritztüte füllen. Eine kleine Ecke abschneiden und ein dekoratives Muster aufspritzen oder flächig eine dünne Glasurschicht auftragen.

Für ca. 40 Stück • 1 Std. Zubereitung • 1 Std. Kühlen • 14 Min. Backen pro Blech •
Pro Stück ca. 100 kcal, 1 g E, 5 g F, 13 g KH

GOLDENE NUSS-STERNE

ZUM VERSCHENKEN

FÜR DEN TEIG

100 g Nuss-Mix (Hasel- und Wal-
nüsse, Mandeln, Cashewkerne)
250 g Mehl (Type 405)
100 g Puderzucker
1 TL Backpulver, 1 Prise Salz
150 g Butter, 1 Eigelb (M)

FÜR DIE GLASUR

200 g Puderzucker
Saft von ½ Zitrone
Lebensmittelfarbe (gelb)

AUSSERDEM

Mehl zum Arbeiten
Stern- und Halbmond-Ausstecher
(3–6 cm)
Mini-Papierspritztüte
1 EL essbares Goldpulver
essbare Goldflocken zum Bestreuen
(nach Belieben)

TEIG: Die Nussmischung fein mahlen. Das Mehl mit den Nüssen, dem Puderzucker, Backpulver und 1 Prise Salz mischen und auf die Arbeitsfläche häufen. Eine Mulde formen, die Butter in kleine Stücke schneiden und zugeben, das Eigelb ergänzen und alles mit den Händen rasch zu einem glatten Teig verkneten. Den Teig in Frischhaltefolie wickeln und 1 Std. kalt stellen.

Den Ofen auf 180° vorheizen. Den Teig auf einer bemehlten Arbeitsfläche ca. 5 mm dünn ausrollen. Sterne und Halbmonde ausstechen und diese nebeneinander auf ein mit Backpapier belegtes Backblech legen. Die Plätzchen im vorgeheizten Ofen (Mitte) in 12–14 Min. goldbraun backen. Herausnehmen und auf einem Gitter abkühlen lassen.

GLASIEREN: Für die Glasur den Puderzucker mit Zitronensaft, einigen Tropfen gelber Lebensmittelfarbe sowie dem Goldpulver zu einem dickflüssigen Guss verrühren. In eine Mini-Papierspritztüte füllen und auf die Sterne und Halbmonde aufbringen. Nach Belieben mit Goldflocken bestreuen und die Glasur fest werden lassen.

GUT ZU WISSEN

Für noch mehr Aroma die Nüsse ohne Fett unter Wenden leicht anrösten.

1

2

3

TANNENBAUM-KÜCHLEIN

HINGUCKER

4

5

6

Für ca. 10 Stück • 1 Std. Zubereitung • 20 Min. Backen • Pro Stück ca. 360 kcal, 8 g E, 16 g F, 45 g KH

3 Eier (M)
1 Prise Salz
75 g Zucker
100 g gemahlene Mandeln
25 g Mehl (Type 405)
25 g Speisestärke

AUSSERDEM
10 Metall-Büroklammern
10 kleine Tassen oder Förmchen
   als Ständer zum Backen
Spritzbeutel mit Lochtülle
100 g weiße Kuvertüre
ca. 120 g Pistazienkerne
200 g Puderzucker
ca. 2 EL Zitronensaft
Mini-Papierspritztüte
Zuckerperlen zum Garnieren
1 EL Puderzucker zum Bestäuben

GUT ZU WISSEN
Man kann zum Glasieren der
Bäumchen statt Schokolade
auch grün gefärbten Zuckerguss verwenden. Vor dem
Trocknen einfach mit bunten
Zuckerperlen, Kokosraspeln
oder farbigen Schokolinsen
garnieren.

Aus Backpapier 10 Kreise mit je etwa 16 cm Durchmesser aus-
schneiden. Vom Rand zur Mitte hin einmal einschneiden, das
Papier kegelförmig aufrollen und jeweils mit einer Büroklam-
mer fixieren (Bild 1). Den Backpapierkegel mit der Spitze nach
unten in kleine Tassen oder ein Förmchen stellen. Den Ofen
auf 180° vorheizen.

TEIG: Für den Teig die Eier trennen. Die Eiweiße in einen
Rührbecher geben und mit 1 Prise Salz mit den Rührbesen
des Handrührgeräts zu steifem Schnee schlagen, dabei lang-
sam den Zucker einrieseln lassen. Die Eigelbe kurz unter den
Eischnee ziehen (Bild 2). Die Mandeln mit Mehl und Stärke mischen, zufügen und behutsam unterheben.

Den Teig in einen Spritzbeutel mit Lochtülle füllen und in die
Backpapierkegel verteilen. Im heißen Ofen (Mitte) 15–20 Min.
backen (Stäbchenprobe). Herausnehmen, die Kegel kopfüber
auf ein Gitter stürzen und auskühlen lassen (Bild 3). Das Papier
behutsam entfernen.

DEKORIEREN: Die Kuvertüre hacken und in einer Schüssel
über einem heißen Wasserbad schmelzen. Die Pistazien fein
mahlen. Die Kuchenkegel rundherum dünn mit Kuvertüre ein-
pinseln, dann in den gemahlenen Pistazien wenden (Bild 4).

Den Puderzucker mit Zitronensaft anrühren und jeweils etwas
Zuckerguss mit einer Mini-Papierspritztüte auf die Spitze der
Kegel verteilen (Bild 5). Die Zuckerperlen aufkleben und die
Bäumchen dünn mit Puderzucker bestäuben (Bild 6).

Für ca. 35 Stück • 45 Min. Zubereitung • 24 Std. Kühlen • 15 Min. Backen pro Blech •
Pro Stück ca. 135 kcal, 2 g E, 3 g F, 26 g KH

LEBKUCHEN-MÄNNCHEN

FÜR KINDER

300 g Honig, 100 g Zucker
100 g Butter, 1 Ei (M)
ca. 2 TL Kakaopulver
2 EL Lebkuchengewürz
500 g Mehl (Type 405)
5 g Hirschhornsalz
3 EL Milch (1,5 % Fett)
2 g Pottasche

AUSSERDEM
Mehl zum Arbeiten
Männchen-Ausstecher (ca. 8 cm)
150 g Puderzucker
ca. 2 EL Zitronensaft
Lebensmittelfarbe (blau, grün)
rote Zuckerperlen
Mini-Papierspritztüten

GUT ZU WISSEN
Hirschhornsalz und Pottasche
sind traditionelle Triebmittel,
die in Honig-Lebkuchen mit-
verantwortlich für das typische
Aroma sind.

1 Honig, Zucker und Butter in einem Topf mischen und unter Rühren erhitzen, bis der Zucker sich aufgelöst hat. Anschließend vom Herd ziehen und etwas abkühlen lassen. Ei, Kakao und Lebkuchengewürz dazugeben und unterrühren. Das Mehl auf die Honigmasse sieben und unterkneten.

2 Das Hirschhornsalz in 2 EL Milch, die Pottasche separat in 1 EL Milch auflösen. Zuerst das aufgelöste Hirschhornsalz, dann die aufgelöste Pottasche mit den Knethaken des Handrührgeräts sorgfältig unter den Teig kneten. Den Teig zugedeckt im Kühlschrank etwa 24 Stunden ruhen lassen.

3 Am nächsten Tag den Ofen auf 180° vorheizen. Den Teig nochmals kurz durchkneten und auf einer bemehlten Arbeitsfläche etwa 5 mm dünn ausrollen. Männchen ausstechen, diese mit etwas Abstand zueinander auf mit Backpapier belegte Backbleche legen und im heißen Ofen (Mitte) in etwa 15 Min. goldbraun backen. Herausnehmen und abkühlen lassen.

4 Den Puderzucker mit dem Zitronensaft zu einem dickflüssigen Guss verrühren. Eine kleine Menge davon mit jeweils ein paar Tropfen Lebensmittelfarbe blau und grün einfärben. Den Zuckerguss je in eine Mini-Papierspritztüte umfüllen und die Lebkuchen-Männchen nach Belieben mit Guss und Zuckerperlen verzieren. Gut trocknen lassen.

*Für ca. 20 Stück • 35 Min. Zubereitung • 1 Std. Kühlen • 1 Std. Backen •
Pro Stück ca. 120 kcal, 1 g E, 6 g F, 16 g KH*

GEFÜLLTE SCHNEEBÄLLE

GLUTENFREI

*2 Eiweiß (M)
1 Prise Salz
75 g Zucker
75 g Puderzucker
50 ml Kokosmilch
3 EL Kokoslikör (z. B. Batida de
  Coco)
200 g weiße Kuvertüre*

AUSSERDEM

*2 Spritzbeutel mit großer bzw.
  kleiner Lochtülle
ca. 50 g weiße Schokolade
ca. 50 g Kokospulver (Asialaden)*

1 Ofen auf 100° Umluft vorheizen. Eiweiße mit Salz steif schlagen, dabei nach und nach den Zucker einrieseln lassen. Weiterschlagen, bis der Eischnee dick-cremig und sehr steif ist. Puderzucker darauf sieben und behutsam untermischen. Masse in einen Spritzbeutel mit großer Lochtülle füllen, ca. 3 cm große Tupfen auf ein mit Backpapier belegtes Blech spritzen und im Ofen ca. 1 Std. trocknen. Abkühlen lassen und vom Backpapier lösen.

2 Kokosmilch mit Kokoslikör aufkochen. Kuvertüre hacken und unter Rühren darin schmelzen. Die Creme etwa 1 Std. kalt stellen, dann glatt rühren, in einen Spritzbeutel mit kleiner Lochtülle füllen und auf die Hälfte der Baisers verteilen. Restliche Baisers daraufsetzen.

3 Die weiße Schokolade hacken, über einem heißen Wasserbad schmelzen und dünn auf die Schneebälle pinseln. Die Schneebälle in Kokospulver wälzen.

*Für ca. 25 Stück • 1 Std. Zubereitung • 1 Std. Kühlen • 15 Min. Backen pro Blech •
Pro Stück ca. 125 kcal, 1 g E, 4 g F, 21 g KH*

WEIHNACHTS-COOKIES

OHNE EI

*250 g Mehl (Type 405)
300 g Puderzucker
ca. 1 TL Kakaopulver
125 g Butter
ca. 5 EL Zitronensaft
Lebensmittelfarbe (rot, grün)
gelbe Zuckerdekorschrift*

AUSSERDEM

*Mehl zum Arbeiten
Tannenbaum- und Christ-
    baumkugel-Ausstecher
    (4–7 cm)
2 Mini-Papierspritztüten
bunte Zuckerperlen*

1 Das Mehl mit 50 g Puderzucker und Kakao mischen und auf die Arbeitsfläche häufen. Eine Mulde formen, die Butter in kleine Stücke schneiden, zugeben und alles rasch zu einem glatten Teig verkneten. In Frischhaltefolie wickeln und 1 Std. kalt stellen.

2 Ofen auf 180° vorheizen. Den Teig auf wenig Mehl ca. 5 mm dünn ausrollen und Tannenbäume und Christbaumkugeln ausstechen. Auf ein mit Backpapier belegtes Backblech legen und im heißen Ofen (Mitte) ca. 15 Min. backen. Herausnehmen und erkalten lassen.

3 Den restlichen Puderzucker mit Zitronensaft zu einem dickflüssigen Guss verrühren. Die Hälfte vom Zuckerguss mit Lebensmittelfarbe grün färben, die andere Hälfte rot einfärben. Beide Farben separat in Mini-Papierspritztüten füllen. Die Cookies mit gefärbten Zuckerguss überziehen und mit gelber Zuckerdekorschrift und bunten Zuckerperlen nach Belieben garnieren.

Für ca. 25 Stück • 1 Std. Zubereitung • 1 Std. Kühlen • 15 Min. Backen pro Blech •
Pro Stück ca. 140 kcal, 1 g E, 5 g F, 22 g KH

NIKOLAUS-PLÄTZCHEN

ZUM VERSCHENKEN

FÜR DEN TEIG

150 g Mehl (Type 405)
50 g gemahlene gehäutete Mandeln
50 g Puderzucker
½ TL gemahlene Vanille
1 Prise Salz
100 g Butter, 1 Eigelb (M)

FÜR DEN GUSS

350 g Puderzucker
ca. 5 EL Zitronensaft
Lebensmittelfarbe (rot)
1 TL Kakaopulver

AUSSERDEM

Mehl zum Arbeiten
Nikolaus- und Rentier-Ausstecher
4 Mini-Papierspritztüten
rote Schokolinsen, Zuckeraugen

TEIG: Das Mehl mit Mandeln, Puderzucker, Vanille und Salz mischen und auf die Arbeitsfläche häufen. Eine Mulde formen, die Butter in Stücke schneiden und zugeben, das Eigelb ergänzen und alles zu einem Teig verkneten. In Frischhaltefolie wickeln und 1 Std. kalt stellen.

Den Backofen auf 180° vorheizen. Den Teig auf wenig Mehl 3 mm dünn ausrollen. Nikoläuse und Rentiere ausstechen und auf ein mit Backpapier belegtes Backblech legen. Im heißen Ofen (Mitte) in etwa 15 Min. goldbraun backen. Herausnehmen und vollständig abkühlen lassen.

GLASIEREN: Puderzucker mit Zitronensaft dickflüssig anrühren. Ein Viertel rot bzw. rosa färben, ein Viertel mit Kakao braun färben und den restlichen Zuckerguss weiß lassen. Alle Farben separat in Mini-Papierspritztüten füllen. Die Plätzchen mit dem gefärbten bzw. weißen Zuckerguss nach Belieben garnieren und mit Schokolinsen und Zuckeraugen dekorieren. Gut trocknen lassen.

Für ca. 16 Stück • 1 Std. Zubereitung • 12 Min. Backen • 1 Std. Tiefkühlen •
Pro Stück ca. 180 kcal, 3 g E, 3 g F, 34 g KH

PÄCKCHEN-PETIT-FOURS

MIT ALKOHOL

FÜR DEN TEIG
4 Eier (M), 50 g Zucker
80 g Mehl (Type 405)
20 g Speisestärke

FÜR FÜLLUNG UND ÜBERZUG
4 EL Orangenlikör
150 g Beeren-Konfitüre ohne Stücke
  (z. B. Himbeerkonfitüre)
ca. 100 g Marzipan

FÜR DEN GUSS
250 g Puderzucker
ca. 4 EL Zitronensaft
 Lebensmittelfarbe (grün)

AUSSERDEM
Mini-Papierspritztüte

GUT ZU WISSEN
Sie können die Petit Fours
auch über Nacht im Kühl-
schrank ruhen lassen, anstatt
sie anzufrieren. Dazu am besten mit Folie abdecken und mit
einem Brett leicht beschweren.

TEIG: Den Ofen auf 180° vorheizen. Die Eier mit dem Zucker mit den Rührbesen des Handrührgeräts in etwa 5 Min. schaumig schlagen. Das Mehl mit der Stärke mischen, dazu sieben und behutsam unterheben. Den Biskuitteig gleichmäßig auf ein mit Backpapier belegtes Backblech (ca. 30 x 40 cm) streichen und im heißen Ofen (Mitte) etwa 10–12 Min. backen (Stäbchenprobe). Herausnehmen und abkühlen lassen.

FÜLLEN: Das Biskuit mit dem Orangenlikör beträufeln. Die Konfitüre glatt rühren, gleichmäßig dünn auf dem Biskuit verstreichen und diesen in 4 gleichgroße Stücke teilen. Die Biskuitstücke aufeinandersetzen. Das Marzipan zwischen Folie ca. 2 mm dünn in Größe des geschichteten Biskuits ausrollen und darauflegen. Leicht andrücken, mit Folie abdecken und 1 Std. tiefkühlen. Das angefrorene Biskuit mit einem scharfen Sägemesser in ca. 3 cm große Quadrate schneiden.

GLASIEREN: 200 g Puderzucker mit Zitronensaft glatt rühren. Den Zuckerguss mit einem Löffel gleichmäßig über die Petit Fours verteilen, dazu die einzelnen Petit Fours auf eine Gabel setzen und über die Schüssel mit dem Zuckerguss halten, damit zu viel Glasur ablaufen kann. Gut trocknen lassen.

Den restlichen Zuckerguss mit dem übrigen Puderzucker und etwas grüner Lebensmittelfarbe einfärben und in eine Mini-Papierspritztüte geben. Die Petit Fours nach Belieben mit dem Guss verzieren. Ebenfalls gut trocknen lassen.

REGISTER

Abkürzungsverzeichnis:
E = Eiweiß
EL = Esslöffel (gestrichen)
F = Fett
kcal = Kilokalorien
KH = Kohlenhydrate
Msp. = Messerspitze
Pck. = Päckchen
TK = Tiefkühl
TL = Teelöffel (gestrichen)
Ø = Durchmesser

LIEBE LESERINNEN UND LESER,

wir wollen Ihnen mit diesem Buch Informationen und Anregungen geben, um Ihnen das Leben zu erleichtern oder Sie zu inspirieren, Neues auszuprobieren. Wir achten bei der Erstellung unserer Bücher auf Aktualität und stellen höchste Ansprüche an Inhalt und Gestaltung. Alle Anleitungen und Rezepte werden von unseren Autoren, jeweils Experten auf ihren Gebieten, gewissenhaft erstellt und von unseren Redakteur*innen mit größter Sorgfalt ausgewählt und geprüft.

Haben wir Ihre Erwartungen erfüllt? Sind Sie mit diesem Buch und seinen Inhalten zufrieden? Wir freuen uns auf Ihre Rückmeldung. Und wir freuen uns, wenn Sie diesen Titel weiterempfehlen, in Ihrem Freundeskreis oder bei Ihrem Online-Kauf.

Sollten wir Ihre Erwartungen so gar nicht erfüllt haben, tauschen wir Ihnen Ihr Buch jederzeit gegen ein gleichwertiges zum gleichen oder ähnlichen Thema um.

KONTAKT ZUM LESERSERVICE

GRÄFE UND UNZER VERLAG
Grillparzerstraße 12
81675 München
www.gu.de

IMPRESSUM

© 2019 GRÄFE UND UNZER VERLAG GmbH, Postfach 860366, 81630 München

GU ist eine eingetragene Marke der GRÄFE UND UNZER VERLAG GmbH, www.gu.de

8. Auflage 2024
ISBN 978-3-8338-7074-3

Projektleitung: Dr. Maria Haumaier
Lektorat: Bärbel Schermer
Korrektorat: Ulrike Wagner
Gesamtgestaltung: independent MedienDesign, München: Horst Moser (Artdirection), Lucie Heselich, Svenja Wamser
Herstellung: Petra Roth
Satz: Kösel, Krugzell
Reproduktion: medienprinzen GmbH, München
Druck und Bindung: Firmengruppe APPL, aprinta druck, Wemding
Printed in Germany

Ein Unternehmen der
GANSKE VERLAGSGRUPPE

DER AUTOR

Andreas Neubauer ist Koch und Foodstylist. Er schreibt und stylt für viele namhafte Foodzeitschriften; seit Jahren arbeitet er mit Johann Lafer zusammen als Rezeptentwickler und Foodstylist. Seine große Leidenschaft ist das Backen, egal ob große Kuchen und Torten oder kleine Kekse und Plätzchen.

DER FOTOGRAF

Mathias Neubauer hegt eine Leidenschaft für gutes Essen und hat ein Händchen dafür, jedes Gericht im besten Licht zu präsentieren. Zusammen mit seinem Bruder Andreas Neubauer (Foodstyling) verwandelte er sein Fotostudio in eine erstklassige Backstube und setzte dieses wunderbare Weihnachtsgebäck gekonnt in Szene.

BILDNACHWEIS

Mathias Neubauer: S. 06-59, Autorenfoto und Klappeninnenseiten
AUEN60 Photography (Julia Schärdel & Ines Häberlein): S. 01, 05, U3 und Klappenaußenseiten
photisserie, Kathrin Koschitzki: Coverfoto

Syndication:
www.imageprofessionals.com

Backofenhinweis:

Die Backzeiten können je nach Herd variieren. Die Temperaturangaben in unseren Rezepten beziehen sich auf das Backen im Elektroherd mit Ober- und Unterhitze und können bei Gasherden oder Backen mit Umluft abweichen. Details entnehmen Sie bitte Ihrer Gebrauchsanweisung.

Umwelthinweis:

Dieses Buch ist auf PEFC-zertifiziertem Papier aus nachhaltiger Waldwirtschaft gedruckt.

APPETIT AUF MEHR?

ISBN 978-3-8338-8472-6

ISBN 978-3-8338-8605-8

ISBN 978-3-8338-8171-8

ISBN 978-3-8338-6621-0

ISBN 978-3-8338-8875-5

ISBN 978-3-8338-8339-2

 Alle hier vorgestellten Bücher
sind auch als eBook erhältlich.

Mehr von GU auf **gu.de** | 🅞 **gu.verlag** | 🅕 **gu.verlag**

DIE »GU KOCHEN PLUS«-APP

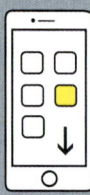

1 APP HERUNTERLADEN

Laden Sie die kostenlose »GU Kochen Plus«-App im Apple App Store oder im Google Play Store auf Ihr Smartphone. Starten Sie die App und wählen Sie Ihren Küchenratgeber aus.

2 REZEPTBILD SCANNEN

Scannen Sie das gewünschte Rezeptbild mit der Kamera Ihres Smartphones. Klicken Sie im Display die Funktion Ihrer Wahl.

3 FUNKTIONEN NUTZEN

Sammeln Sie Ihre Lieblingsrezepte. Speichern und verschicken Sie Ihre Einkaufslisten. Oder nutzen Sie den praktischen Supermarkt-Finder und den Rezept-Planer.